Word Searc   5
for Kids Ages 4-0

Circle a Word Puzzle Books:
Word Search for Kids Ages 4-8,
Grade Level Preschool, Kindergarten-3
[intermediate level]

This book includes free bonus that are available here:
www.funspace.club
Follow us: facebook.com/funspaceclub

Introduction

This puzzle book contain English words for kids 4 - 8 years olds. Words are hidden in the puzzle area in straight, unbroken lines forward, up, down and diagonal. Words can overlap and cross each other. After you find a word, circle them in puzzle area and then mark it of the list.

See more great books for kids at

www.funspace.club
Follow us : facebook.com/funspaceclub

ANATOMY

```
Y G F B W G C F I E D W K B E T K V
P H H A I R H S D P L T R S P J K Q
Y L R M R M O E A R S N O P K K Q Q
Y S I J O K B R T I F N O N I U O V
G K X P L U D O E A R T S G B L Y
T Z Y V S T B E Q R Q D Y E U Q L
B C D P I X Y H T G S H J W V S E O
O Z N V Y W J M R T B N H F P A M X
N C H I P F P P L S U C L T I N T Z
V V Y M Q V V M M I L N Y E Y E S G
Q Q S M P I B H T W R C U J U Z N B
K I Z Y H M U Y K W T U X Z X L D X
```

HAIR   **MOUTH**

SKULL   **TONGUE**

EYES   **TEETH**

EARS   **LIPS**

NOSE

PAGE 1

COLORS

```
G R T L P V E T P I E W S I Y R S B
A N V Z Q F Z H R I K O K T R F B Z
O Z O Y K A Q U A L N D A P B I V X
U R J L B L C O P L R K U D D C R J
O G C I C T L H S J B O B O K E B H
X R V G A B A J A H K X U S Q L H F
A E T H R M M N D R J H R D R A B T
F E V T M J A O B F C A N I X D K L
A N C Z I M E H V L Q O Z U E O M D
R O S O N Y Q N M C N B A X L N K F
S M T B E G R A B D K M G L L A R Y
G V Z P P P O H N M P X A N E F G L
```

CHARCOAL   AQUA

PINK   LIGHT

CARMINE   GREEN

CELADON   AUBURN

PAGE 2

COMPUTER

```
A X Y C B A I R N U E G F X N X N H
N P S O F T W A R E S G R X D R A Y
D S P M R J G V B P X J R S T V N R
Y F Y L Y I D P S M R V U C S A Q R
B D F S I H B P H N L V I R U S B P
C K G I T C Q B R C O M M A N D S C
L T F C L E A I O T Y S A Z D G Y R
D D S E U E M T O N V D U E X I Y N
A H N J F E Y A I B C S U M G V F O
T P Y U C S U T W O S W H I D F H W
A V W U P M G B V O N V K V Q U L I
T V Z G N A Q Y C C I C O N S P J O
```

FILE	**TAB**
DATA	**RIBBON**
SYSTEM	**ICONS**
VIRUS	**APPLICATION**
COMMANDS	**SOFTWARE**

PAGE 3

COUNTRY

```
G L B M G N I X M U R C H M H O N H
S N Y J U Y D X J U J A M A I C A F
W T M S I W L I N D O N E S I A T V
H C R E N L C G S T X O L H P I D H
K G U N E V O N O R W A Y E L Z K Y
K T S E A C T Q U M C Z B M G Z Y N
U B S G Y T V Z Y D E U D M U Y Q L
W K I A V T R G K S O O U A Z K P K
A W A L T Z O A M A L T A L Q E F T
I D U W C E T E J Z Q Y M I Z H C X
T J Y F K Y V M A T R A H E U B F C
R J X F F F M J M T C U D S N N L B
```

SENEGAL   MALTA

GUINEA   JAMAICA

MALI   INDONESIA

EGYPT   RUSSIA

KUWAIT   NORWAY

creepy crawlies

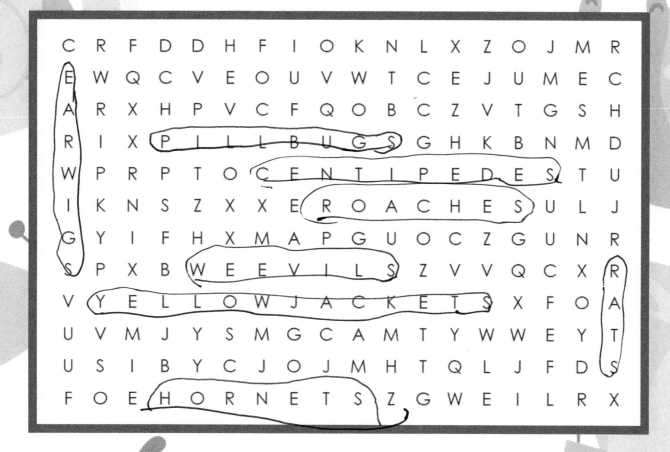

YELLOW JACKETS   HORNETS

CENTIPEDES   RATS

EARWIGS   WEEVILS

PILL BUGS   ROACHES

FRUITS

```
N X Z R L M X H K G F W I V R A N K
R J R Z N E I J Y L C B H Q M I P Z
M A E B M Z A N N U G R V I D N I J
S C S G Q U K P K L F P T D U S P T
G Y E P Z U D C O C O N U T R P W F
X P W O B L U E B E R R Y N I D Z W
V H K I L E K I W I H U A X A U A V
B F U R S T R A W B E R R Y N Y C R
K I O J P W U R L A L W T B S C L A
N A X L Y Z D L Y R A Y W U K J Q J
U K U J T O M A T O K R F I G H G K
G M A N G O H A F N Q R J E Y P X N
```

DURIAN   **RASPBERRY**
MANGO   **STRAWBERRY**
TOMATO   **BLUEBERRY**
COCONUT   **KIWI**

JOBS

```
K L M P K D D S G F P G Z C C L M H
X C X J D T R E W E G P X J I S C Q
I R Z B V I W Q D M E G N C J A A R
J S R K Q L T B P U J N I D I X R J
F Y P J G K M O X L X L G G D G P A
D L A G W T K Y S R U E Q I R A E N
B C I R H T E A C H E R Z I N E N I
Q V N X C H R Y O R Z L O W L E T T
B S T V Q F J O N E Z O U P Q S E O
B W E E Y I T K H F N U R S E S R R
M I R K F F D O C T O R N U U U J P
C A A R C H I T E C T H U G X H F L
```

TEACHER   ARCHITECT
NURSE   CARPENTER
DOCTOR   PAINTER
ENGINEER   JANITOR

shapes

```
Z N M E G A K F V B Z L O X A A J C
S N R K U C U A L N X Y O Y Q H U J
I P P I D Z S H Q T H T L T P E W M
B V H O H F Q C S F O C D P F N Y L
P X F E S C U Q R E C T A N G L E X
Z Y I E R W A T R I A N G L E U F G
L R R K E E R F L Z S D T C U B E F
F S Z A N W E H C I R C L E W H Y K
N V B I M S N R E P Z Z G N F Q Z S
R Q K P P I Q H L P G N T A Z N U H
Z Y O D L K D Q S I L Y C G R F L Y
W E N D G U R X D X K E C C Y P J Q
```

SQUARE   CUBE

TRIANGLE   SPHERE

RECTANGLE   PYRAMID

CIRCLE

PAGE 8

school items

```
C J D G Q D Y O C P R O J E C T S Z
N G R P N J I N Q H V H B F S T L W
O Z G G N K L Y P L J J W B W F P F
A P U K A X H L T Q M E K H Y G A X
C H A L K B O A R D J J M Y P R I B
H M W G H G X U M C L A S S Q K O F
C O N S T R U C T I O N P A P E R Q
O V Y E L U N C H B O X P T B X I M
Z J W C C L M X P L I B R A R Y V E
G H A X A N C L I P B O A R D Z O D
S R W Q P N P P R I N T E R B S B Y
A M A K X K Z N L G U P Z N U K U G
```

LIBRARY **CONSTRUCTION PAPER**
CLASS   **CHALK BOARD**
PRINTER **CLIP BOARD**
PROJECT **LUNCH BOX**

ASTRONOMY

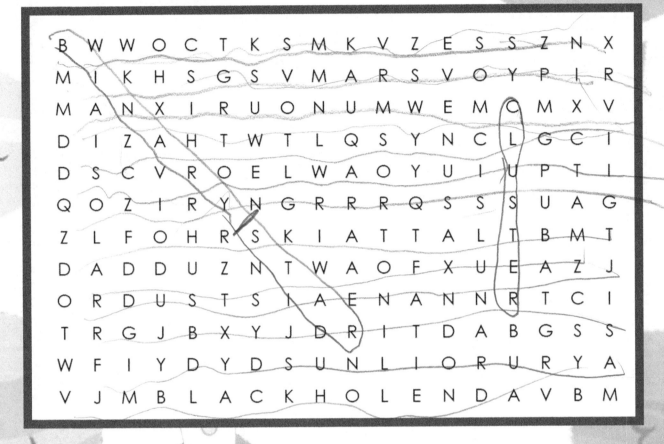

```
B W W O C T K S M K V Z E S S Z N X
M I K H S G S V M A R S V O Y P I R
M A N X I R U O N U M W E M C M X V
D I Z A H T W T L Q S Y N C L G C I
D S C V R O E L W A O Y U I U P T I
Q O Z I R Y N G R R R R Q S S S U A G
Z L F O H R S K I A T T A L T B M T
D A D D U Z N T W A O F X U E A Z J
O R D U S T S I A E N A N N R T C I
T R G J B X Y J D R I T D A B G S S
W F I Y D Y D S U N L I O R U R Y A
V J M B L A C K H O L E N D A V B M
```

CLUSTER   **WHITE GIANT**

BINARY STAR   **SOLAR**

VENUS   **DUST**

SOLAR   **CISLUNAR**

BLACK HOLE   **MARS**

COLORS

```
B J M C G L O E N W K E X H Q S S Y
P I A F S E I X B L U E V Y I G J R
E T P O B M Q G Y S S I W D Q E K V
I U A E V O U J M Y M W F U B S U Z
J N U R N Z A D Z P P H Y L I S S
V A P B G S N O R C P E W T E R B S
S U S E H E I G R Z Y Z G N S F R X
J X O M A T R M S A I R U Y W L K G
Z H L N B C U I M G N E U R L U M A
K V B I P U H M N O I G Z J F A X B
S I L V E R Z R E E N A E P M S K O
N A B G B B Y K F G V M Q N M A B H
```

LEMON   **TANGERINE**

PERSIMMON   **PEACH**

ORANGE   **PEWTER**

SILVER   **BLUE**

JOBS

```
O N Q J Y S O Z D R B T P L Z W F S
L O F P W A I O U E U F D X X N I V
S S O L D I E R I K S A M J K L U B
V T B W X Z S Z Y N I B L D B L S T
U I E H K Z K B L L N Y N I A Q N N
Q V Y W P O L I C E E F D C N T G P
W G P Y A I H V A F S Q R Q B K Y B
M S J O U R N A L I S T I V I W E X
B A G F Q T D F A C M E V F N K H U
L J L A W Y E R E Y A Y E K T J M O
W F H V I S R L O N N N R C C B Q L
E V D U D U X P O L I T I C I A N J
```

STEWARD   BUSINESSMAN

LAWYER   DRIVER

POLICE   JOURNALIST

SOLDIER   POLITICIAN

FRUITS

```
T N B H X K P E A H V E D K D U I G
I D J V X N Q D M S P G D P O J D R
L Y C H E E W P O M E L O E L A G A
A O Z S G I E L D V S Q B Y D C P P
P J T M T G B W R T R U Z K G K G E
P S V Y R J Y F B P E A R G S F N S
L N S T A R F R U I T F A M Z R E M
E F O K C I B V J O H Z R C C U D D
T B L D E V P C J G T Q P L B I L P
L Y D G U G V V F Q V X X G G T Y A
V R S T N V R B L V C H I C O V Q Z
P A M G G D D N Y V A M Y E P X D Q
```

LYCHEE   GRAPES

POMELO   CHICO

STARFRUIT   PEAR

JACKFRUIT   APPLE

creepy crawlies

```
G V N D X A X Y S C R I C K E T S R
E X G V R Q Q M I L L I P E D E S Q
W A S P S A T T I C K S D L J N O C
E G B V N I U N H Z K W N K D C Y
L O N G H O R N B E E T L E W B S D
E F L Z P D C Y F W O J G S B I H N
L D O C W Z W R S L F S M O U R M S
Y B E D B U G S B P I L Q S Q D O V
K U S V A L T X F F X E I B K S X O
R H K S H U R X B G E U S E J Y U N
Y N C O L X U B Y W Y E I Y S M U F
N M A B A D H M Q H V T T A M S U B
```

LONGHORN BEETLE

WASPS   **MILLPEDES**

DRAIN FLIES   **BED BUGS**

BIRDS   **FLIES**

CRICKETS   **TICKS**

COUNTRY

O	G	G	T	E	D	O	H	Z	P	H	K	T	X	L	Z	B	O
N	R	A	A	F	B	L	J	Y	M	A	G	X	X	C	F	R	S
W	D	L	M	N	X	N	J	I	C	L	R	T	G	Q	M	K	L
O	Z	J	J	B	D	O	V	J	X	A	I	A	D	O	Z	J	V
W	P	M	I	O	I	O	B	T	X	X	K	B	G	A	X	H	W
Y	S	Y	Z	B	R	A	R	C	H	I	L	E	E	U	P	G	N
B	N	B	V	B	O	D	U	R	N	Z	B	A	G	R	A	Q	E
W	G	X	F	Y	T	U	A	K	A	B	K	T	H	F	I	Y	V
A	O	F	N	H	P	B	T	N	H	C	S	K	D	M	T	A	W
O	I	Q	O	R	W	F	B	I	K	S	Y	W	O	V	Q	K	K
W	R	F	X	O	N	I	G	E	R	I	A	Q	N	T	M	O	R
J	B	S	C	A	N	A	D	A	C	I	P	M	V	U	Z	P	A

LIBERIA   ANDORRA
JORDAN   CANADA
CHILE   GAMBIA
DJIBOUTI   NIGERIA
PARAGUAY

ASTRONOMY

```
I  S  W  N  S  N  M  V  Z  I  Y  O  Q  B  P  K  D  D
S  R  I  H  O  O  N  A  Y  I  I  B  V  H  X  B  V  W
A  K  L  N  I  R  Q  R  W  Y  W  T  L  L  E  S  M  A
T  O  E  S  G  T  T  P  X  S  V  S  X  J  V  J  N  R
U  K  K  D  W  U  E  H  J  D  N  O  V  A  G  R  E  F
R  P  S  P  K  N  L  D  S  S  V  G  Y  S  U  A  P  S
N  I  L  L  B  W  Z  A  W  T  B  B  M  S  K  K  T  T
B  B  F  U  R  N  Z  C  R  A  A  R  X  V  D  Y  U  A
W  X  C  N  T  D  J  L  E  I  R  R  Z  C  I  H  N  R
Z  Y  I  X  P  O  F  T  K  I  T  F  C  F  Z  T  E  R
G  C  Y  N  Z  Q  G  S  J  F  F  Y  W  G  S  A  N  V
B  Y  G  O  Q  Y  A  Q  D  R  E  V  O  L  V  E  P  N
```

PLUTO	NEPTUNE
NORTH STAR	DWARF STAR
REVOLVE	NOVA
SATURN	SKY
SINGULARITY	WHITE DWARF

PAGE 16

ANATOMY

```
L W B D G Y J M G Z K Z R Z C T A G
R A N H P B E T O R T K G Q F V M A
E D R M E E T R Z I R K X L X Y W F
M S R Y Z A S H C N H Z F J U W R K
A G O I N O R V Y H Z E I Q K I E D
A T M P B X H T B R E P F B M V L I
T H B U H S E O U W O S C H L W U R
I R Z F T A K N Y N F I T N H A N T
K O U R H L G V Y S G E D Y B A G G
Z A N G U A X U K W I B B Y G V S Z
C T M Z J W K R S D S H S Y Q F D P
Q L K K B A K U C O J A L I A J B M
```

CHEST   **ESOPHAGUS**

HEART   **THYROID**

RIBS   **THROAT**

LUNGS   **LARYNX**

PAGE 17

COUNTRY

O	S	K	E	J	M	O	L	I	B	Y	A	M	S	G	I	L	B
S	O	N	E	S	A	O	Y	I	W	E	O	V	A	I	D	O	A
L	U	I	G	L	L	N	P	T	O	A	A	T	Q	R	O	J	E
P	T	O	Y	E	D	K	V	M	V	S	M	D	A	E	M	A	Q
N	H	S	Q	L	I	U	G	L	L	T	U	F	Y	L	I	Y	V
W	K	E	F	C	V	K	E	O	A	T	T	S	I	A	N	D	Z
B	O	S	O	J	E	L	C	V	V	I	U	U	N	N	I	K	M
L	R	N	C	F	S	R	Y	C	O	M	S	T	D	D	C	G	B
T	E	H	O	N	D	U	R	A	S	O	A	T	I	X	A	O	O
U	A	Y	B	J	Y	U	T	F	A	R	K	A	A	X	W	V	L
U	L	V	K	I	Z	D	Q	M	F	H	K	W	O	Z	V	J	X
S	Y	R	I	A	I	S	V	T	V	B	I	H	T	K	X	J	R

SOUTH KOREA   INDIA
IRELAND   LIBYA
EAST TIMOR   DOMINICA
MALDIVES   HONDURAS
SYRIA

COMPUTER

```
V H B Y I Z M U K H F O I E O Z J B
T S F P M X J V O H B Y Q D U Q S P
S O I W Z Q Z F O P G F P K T M H B
R S O D T Y A O H W Z I I C C T A U
W Y M L D M Q M D B T Y S C L C P K
N S U V B J N K R E F A E N V B E B
B T K I D A Z J T M S K B L I I S Q
H E A D H W R J A Z I K C L Z B K V
G M G R F P E W G U O V T P E H J G
P H U L D W I B S W H S P O K S U P
Q Q D X N J C H A R T S O I P O J E
E G U L M W H O H R D N R E Y N B F
```

TOOLBAR   TAGS

SYSTEM   TABLES

WEB   CHARTS

DESKTOP   SHAPES

school items

```
U H W U X C C A L E N D A R L X T W
G I P E N C I L S B Y P H F A C V L
G P D W Y O L E M H C P X M P N W H
L H N W L E N S F R A M W R T J R C
P T T P A S T E S A K R F J O F B Z
P O S T E R P A I N T H P Y P Q B U
K U G G Q B I A K B L V E E U W I N
M P P F P S Z V E O T P R R N C A C
V Y L I P E N C I L P O U C H E I P
I H Y H L N C W G R M T M U T G R E
R D W H Z J L P R O T R A C T O R R
E P J Y W A T E R C O L O R O P U T
```

CALENDAR	**LAPTOP**
POSTER PAINT	**PROTRACTOR**
PENCIL	**PUPIL**
WATER COLOR	**PENCIL POUCH**
SHARPENER	**PASTE**

COLORS

```
M R U W V R V U U N T M W Y P W V I
H T E Q I J P D A C S W J L G W I A
E T O D O I E D R O E X L A F E M W
B U F N L N R Q V B V R Z V M Z P I
O R N B E I I H G R K A D E P N R D
N V K F T D W K O L P X U N O T R I
Y J D N S P I U L Q L B A D B Q P U
C W J O P W N X D Z H F X E E A N P
Z J Y P A E K H K I Q N Y R F H E I
W C A M O Q L R U Q O G R Z Q S T G
T C E R I S E B N Q Z N B B I R J S
X I A H X Z M R C E T Y E L L O W N
```

GOLD   **RED**

EBONY   **YELLOW**

PERIWINKLE   **VIOLET**

CERISE   **LAVENDER**

COUNTRY

```
B Q U G E R M A N Y Q T P K F I B P
Y Y I N B B O G L U H O Y I G O D A
S E N G I Q K N I N F L M I P C E N
O R I X T T N O L X G A I A K D N A
V P R S B F E S V Y G W I R N I M M
J I O Q R M A D A G A S C A R R A A
K I R I B A T I S I N G R F C Y R Q
M E X I C O E F I T F E D A K C K H
I O U O T C A L C R A U P O G I V R
I L D T U Y B P U H Z T I A B K E X
R Q B O P H C R G I S V E U L J J C
N K L I U O K X A E X U Z S F U B U
```

MADAGASCAR   **OMAN**

PANAMA   **NEPAL**

MEXICO   **DENMARK**

KIRIBATI   **GERMANY**

UNITED STATES   **ISRAEL**

PAGE 22

ANATOMY

```
C J D I A P H R A G M I D S X A X P
J Z Y T Q U P A N C R E A S T A S T
Q K Q E Z X K N N A O T E Z E P G E
S A B G H Q R Y W G L W M A R P L J
L S M A L L I N T E S T I N E E W R
V N N M B O I G L L H R L Q V N G M
N U U T R S I X G F U R D A F D U N
T G Z K E O R Y B B Y Y G C M I M D
Y A Q C I L S T O M A C H N B X F Z
Y M E O E E G A L B L A D D E R C F
W K L A R G E I N T E S T I N E S P
K B W R P O U Q C T T C E W Q U I P
```

DIAPHRAM   PANCREAS
STOMACH   GAL BLADDER
SMALL INTESTINE   APPENDIX
LARGE INTESTINE

school items

```
Q C C O L O R E D P E N C I L S S L
B T Y P M K A Q T H C M P X L Q D E
W D I C T I O N A R Y D R Y O A A A
V F L L W O C A L C U L A T O R S R
P H L C Z S C S J P L O X R S C X N
E I J S W C L A S S R O O M E Q H J
S K M V T L X F W Y T J B C L T Y A
T E X P E R I M E N T Q M Q E D T I
E U E L N E C D E T Z C V H A N T W
O Z T A P E Z Q V D E L Q O F E D D
P U S H P I N E S L V K M W A V K Y
P D N E H N Q N I O Y A Q H F C L M
```

CLASSROOM   **CALCULATOR**

COLORED PENCILS **LOOSELEAF**

DICTIONARY   **EXPERIMENT**

TAPE   **LEARN**

PUSH PIN

FRUITS

```
B N C L T T I W X S L H W T E O T Z
U K V H R T R X U Q Z B M H R N F V
C J R W E O M Z S F N O U S T G I D
X X B K Z R R W O T V K T T Q G F T
J C H G W F R A D V L P K A J D I P
R W C U B X V Y N C Z W B R O Q V Y
L L C I T R O N Q G N A C A T U U L
O I W S P E X X W E C G P D S F U
K A M L J E H P I N E A P P L E H U
I I D E M S W L X H O D O L M M T A
M L E M O N O J Y M J F W E K T H X
L G F H H A G N S L K O E Z Q T R L
```

STARAPPLE   **CITRON**

PINEAPPLE   **LIME**

CHERRY   **LEMON**

ORANGE

COUNTRY

```
W J F T N O W N S J D M P I B V V S
T J J H E T J R A S D B O N S E Y Q
J Q I A T M K Y U A W C L B F Y T O
A K B I H Y R X D N J Q A C A P V T
P I C L E A A K I T R L N Q Y O I V
A H B A R N L S A A Y I D M R N F B
N A U N L M Q K R L P E H T Y H Y T
T X Z D A A J M A U P B P A H R Y X
D W U R N R F H B C W F X H I A Z J
Q D N G D Q Q Q I I X W V P K T P C
I W U K S I T U A A Z W D Q S D I H
L N M A L A Y S I A B I T E E X V H
```

SAUDI ARABIA

POLAND

SANTA LUCIA

JAPAN

MYANMAR

THAILAND

HAITI

NETHERLANDS

MALAYSIA

COLORS

```
N E V N I S D H Y A C D W L E B K M
P K N S J P V A J N L Y P V E O Y L
N U D Q V V J Q Q N U B R O W N P Q
Y R R W O U K U Y V A B E U T R R E
C U D P X W A E X F V Y J Q L W L V
F B W I L Z D M Z W K I Q U J W K
B Y Y M Q E N A G T J Y B M J D Q T
S K Y B L U E R R A L O G Z V R N J
W G Y Q O X V I L U S I Y J M Z J T
S I F P V E Q N P P H F M H C N H Z
Z F Q J X B G E B E R W H E F Q L N
W H Q T B T N F N M L X E X G R C G
```

BROWN   **AQUAMARINE**

LIME   **RUBY**

TAUPE   **PURPLE**

SKY BLUE

PAGE 27

ASTRONOMY

```
H B Y J T H U J U O N Q N Q Z H C H
X R W R I Y T B A S D D W V J U V W
X E J P E C N S F B K S A J T J I W
N D U Z O D B O Q Q M I N I X K A X
Y D P L Q L S G T S K D I L W S J W
X W I O E Y E H A I A E N U M H H A
T A T L R E Y E I G A R G C E L K Q
T R E J R H Q B C F Z E L E P D Y F
N F R J E U E C M E T A G S J E M L
F O W O R M H O L E B L I K S Q U M
U L Z Q A U F N W A F N U E P U X X
C V Z X D A R K M A T T E R W F D W
```

RED DWARF　　**WORMHOLE**

JUPITER　　**DARK MATTER**

RED SHIFT　　**SIDEREAL**

WANING

PAGE 28

COMPUTER

```
O I P M H L Z A C D P Q F O Z D U N
B K Q I E T E X T S W A C H X P U F
B O D N C D U A W P R D Z O D R I E
I R M T R T I E T Z N W Y B U E X S
S O S E V L U A X S M V P J F S Z M
V V J R C P E R L T W Z R L J E D P
X J Y N D D M G E E E Y M U U T E Z
G Y N A C C X I C S D R O W V G V T
T E J L T P G D S K R C N Y Z Y E T
A C C E S S E U S G P K N A X T V L
Z B E I F W M T G D T X C M L T F J
P E J L T Y X F O N T S M B X K X I
```

TEXTS

FONTS

PRESET

PICTURES

MEDIA

ACCESS

INTERNAL

EXTERNAL

COUNTRY

```
M Y E B K Z F C U J A E M A A O S B
Q N L C H I N A F W Z N C E D D N T
Z P S G R U Y N N T E O K T E O E T
X W A C H U P V L G R R E V P M W Z
V M L A Q A Z G G G B T E U U I Z P
Y M V H S J N J K M A H Y P E N E B
V O A L U K Z A O I I K V U B I A K
W Q D Y D U U M K R J O J Q S C L L
W D O Q A E H O N D A R V A O A A C
F H R M N R M H E I N E E R O N N U
C B S C V I E T N A M A J I Z Y D P
G A B B A R B A B O S F W J G L P N
```

GHANA   VIETNAM
NEW ZEALAND   NORTH KOREA
SUDAN   AZERBAIJAN
CHINA   BARBABOS
EL SALVADOR   DOMINICAN

shapes

```
Z S G F D P C V W E O F H E A R T P
J J O P F F U I A Q M I X G I X H K
I I G P W A N Z G U B P L B I Z A C
A Q A N P S J A Z I G C P X T O X U
P Y W O O X Y O O L L W S L R Z V B
C L S H I M R K N A D K Y M I P D K
E T A E N K O R H T N R W A A X G S
M O E N T X E N K E P Y T M N X X L
J S M Q E H R H V R A Z B D G L I X
D M V W T E K R Y A F K A Z L C O N
M K F H W H U A Q L T B K N E M N F
U A O D Q R K T Q M E C U R V E E N
```

HEART

POINT

GNOMON

PLANE

CURVE

EQUILATERAL

TRIANGLE

PAGE 31

COMPUTER

```
F U W V E U I N P U T E U S D W Y C
R I O T U J N H C L K R W L F E Y X
M S R Y G A E A Z I A X F S Q T R K
X M T B Q B L R Q R M Y L Q W Q B G
S O Y O N Z Q D T P E K O O T J I X
F F U M R U W W L V A C Y U A W Y B
J X F T H A L A D B L U O Q T E Y Q
O H S Z P F G R S S B R X R B F G K
A U E N N U L E W N U I I S D O C J
G V W X W F T Y M S M N A U P S U Y
M X E J M U E R E E T D N C V Y T Y
D I S K Y I N F O R M A T I O N D L
```

STORAGE   DISK
RECORDS   HARDWARE
INPUT   ALBUM
OUTPUT   LAYOUT
INFORMATION

PAGE 32

COUNTRY

```
J S P D I O U S A N H H Y S Y Q M G
P F F D K G U I Q L G B P E X F B E
H F R D A Y T N F U G V H W M J R O
C H I Z B L V G N R V E P A Q E C R
N I S T R O M A N I A G R A Y E N G
T G L U A H B P H F T K N I P S R I
L X N Y P L A O K T M Z Q V A U P A
B X A D T N Y R R D C B M C K B A Y
P G R D A N M E Y N B K K T P D E F
H M Q T G F I J I F I N L A N D P Q
I S X L D F U H I Y P I H X U H O P
U D E N Y O A J J B R O R T X Y Y Z
```

FIJI FINLAND
ITALY
YEMEN
GEORGIA

PAPUA
SINGAPORE
ALGERIA
ROMANIA

shapes

```
H K M P B Y V L A P D U V X J W B H
C U B O I D W B S P C Q M T Q W I G
D F L R W E D B A V T K Y Z I J I C
I H N A C U T E T R I A N G L E N X
B I E R H O M B U S V A E T U K I F
U F Y P S W D N E O N N S B X Z Q G
X B B C T Y A N X Q O N R L Z H V U
L U F L T A A C N F O U S F H K W X
E I U K J Z G X J M M L H N M G Y X
Y F G B S M K O Y F G U U Q C Z K J
V X D Y R O J G N S V S P T R R O Q
F B H E L I X E L I N E Q X Z P D T
```

HELIX   **HEPTAGON**
ACUTE TRIANGLE   **RHOMBUS**
ANNULUS   **CUBOID**
LINE

school items

```
P  I  I  G  C  F  E  X  T  G  P  B  Z  D  E  V  R  R
N  O  V  E  L  C  F  T  S  X  K  E  D  G  N  J  R  W
V  M  M  M  B  J  B  K  M  R  W  G  N  M  G  D  H  H
Q  N  P  A  P  E  R  B  I  D  S  F  D  C  L  N  Z  Z
F  K  Q  L  W  W  N  Z  A  Z  B  I  Z  Q  I  Q  P  W
I  C  U  P  Z  I  G  D  Q  V  P  E  Z  O  S  L  H  Q
H  I  L  U  Z  C  O  K  W  D  T  L  U  E  H  O  G  P
M  M  C  O  M  P  O  S  I  T  I  O  N  B  O  O  K  O
Z  C  O  M  P  U  T  E  R  D  W  N  E  Y  U  I  I  J
E  S  G  N  Z  H  U  Y  W  S  F  P  A  P  E  R  O  K
N  G  Y  T  K  H  N  D  Q  M  L  Y  T  V  V  E  U  J
O  O  I  B  M  B  J  F  H  L  D  J  H  K  G  I  T  R
```

PAPER	PENCIL
PAPER	ENGLISH
COMPOSITION BOOK	NOVEL
COMPUTER	

COUNTRY

```
G P R Q E H K M Y M Q Y F B A J P S
L E B P G N Q C A D E K R J A J M D
P V V A L W E L A C A Q D K W B E X
P Y R K P N X W U M E L T D S A I N
U G H I P Y A U G B B D B B R Q E S
F R V S S S U T H U A O O A V P O P
W E K T Z R L L M N I H D N N J S N
M E H A I C L Q I T O N R I I I G M
Y C C N Y D H M X M B U E A A A A F
U E A F G H A N I S T A N A I X N Z
I S M H L P K T R Q N F I T C N Q C
T C D I S E A R F Z R H W X T W Z S
```

AFGHANISTAN   **MACEDONIA**

ALBANIA   **GREECE**

BAHRAIN   **CAMBODIA**

PAKISTAN   **NEW GUINEA**

creepy crawlies

```
E H O Y C A R P E N T E R B E E S Q
R F B U X I U N W A A R T U V P S I
K H P G M B L A C K W I D O W P X D
U B O O L R M G B A B G B Z N A F A
V O H J V Y I B H M N S T E Y I M B
X X L Q B R C E Z R L Q H C A L O X
W E T T J V E N T G J B C H P Y T H
Z L F Z D C H B G P K P L R O K H L
A D G I E W Y Y B M G J F U L X S G
Y E N X R E C L U S E S P I D E R U
Y R F F T Q K V M I T E S S G X C C
R J Y L U O R X O B I D X S Q K B V
```

RECLUSE SPIDER   **MOTHS**

BLACK WIDOW   **MITES**

MICE   **BOX ELDER**

CARPENTER BEES

school items

```
Y E H M X K S J Y T C O M P A S S H
X F X K J P P U P A S E J C C Y D I
E S O A A R X O J A R L X G C E L V
P E C T M C W H D L D D W A H A W V
H S R A A I N E E J X P S T M S I Q
V O A N Q K N I M X C E A T X E G M
S O Y J D S D A S D R I K P I L Y N
X T O V H M P U T B Q B V N E C M R
F L N V E F H X X I U Z F G U R K H
H V S I X Q K O N A O Y B U K D Q Q
K W T W N V T L M W P N B Y M H F C
C K L G D F W I L H H T D Z M X X F
```

EXAMINATION **CRAYONS**
EASEL **EXAM**
YARDSTICK **PAD PAPER**
COMPASS

ASTRONOMY

```
W D D S C E J L Y U B N F D O O L B
S K F W G S N S H S E V E D K Q A U
E H B R A L O Q L E V P S W I Z E Z
R O R L J R T P A D A Y F U M N U Y
B W R W A C F N S B K E R R A O B V
N D A U B C D P A W F A E A C M O G
N O Z X V M K T L X B G U N G V E N
F L G O I D K B C A D J E U F M A Q
H F W H F N S G O O N E A S R U R J
M B S X G C G E F D V E I H N D T E
X O X Z M H V F L S Y G T V D F H E
X F P F E S J V F Y L P E G K K J X
```

DWARF PLANET   URANUS
EARTH   DAY
NEW MOON   BLACK BODY
WAXING

COUNTRY

```
L D B F Y V J X L P P T A K W A N Q
F M J G I W W E U H G P F U Z R C N
W X U A T C R B X I O U C N N S Y I
N H M L P L Q I E L V O E P E O Z L
I C L Q C A G C M I H L T E G N S S
J U K R A I N E B P L R H K Z R E B
S B F D A J Z L O P I U I X Z Y W Q
C M K F V C R A U I I J O N L E V W
B O V N R K G D R N J V P O V L X R
F P A L A U B D G E F R I J V G C F
O W G F Z N K I W S F O A Y Q F N W
Z W L X S M E C W O A C A W P H C F
```

PALAU   LUXEMBOURG
JAPAN   ICELAND
ETHIOPIA   TAKWAN
PHILIPPINES   UKRAINE

FRUITS

```
Z D P D C A N T A L O U P E L G P I
W E R G Q G V N E J R L L G M L J A
A U N A U E R H F B B A N A N A I P
T A H Z G T I A O I B X E A Z H V A
E B S A G O N Z P S N U L X W C B P
R C Y N B L N S Z E C F D U N R A A
M F I J C U I F V J F V T G F S H Y
E T Z J V X O C R L T R G O M X J A
L A T Y E S A N I U F H U Q T E Z B
O S Z X M A B O L O I L S I T R K J
N L K Z I Z R F M I Y T N V E G F
O Z O C F W E I Z Z W U M W A V Q Y
```

GRAPEFRUIT   CANTALOUPE

MABOLO   WATERMELON

DRAGONFRUIT   BANANA

PAPAYA

COMPUTER

```
S C L P V N T C K S O F T W A R E G
O S M D X D M S I G X C O G H T X H
Y S F Q V S J V M A L B U J H E Q V
Z W P O S A V E C H R Y O R V Z L O
W T M I R L N U I H P L Y N B E I Z
V I D E O M C U S T O M I Z E C N S
E N R H B N A B X A Q T T M Q J K Q
H L D Z J H O T R D P D F I E B I B
O Y G B D B F C Y O Y C H B Q O K C
G G E I H C Z S J V A K N K O Z H T
P P Y I H G U F I X W X B I K L S P
O U F H H V F T H U M B N A I L S B
```

CUSTOMIZE   SOFTWARE
FORMAT   VIDEO
LINK   SAVE
THUMBNAILS

shapes

```
P Y A F A Q W J F Y A P G Q H S M S
A E M Q X Z T Z E L L I P S E V X R
K M B D I R E W Q R K R Q T J D R R
S K V F J M B I D E D G O L Z E J J
R L B L I N E S E G M E N T R A Q S
G V T P Y D R R D L P H W L O Q R C
S E C T O R J W M T J K O L W Y R C
E L L I P S O I D X K M H N A M R G
R U E P L A T O N I C S O L I D H B
S C A L E N E T R I A N G L E S X F
T V G T M Y H D W S G P S O P P Z F
I X X F M U O M E O L Z Q B B Y B A
```

SCALENE TRIANGLE

ELLIPSOID   **LINE SEGMENT**

SECTOR   **ELLIPSE**

ARC   **PLATONIC SOLID**

school items

```
C X K E C E Y E R Q Q T A R E C W K
P H Y S I C A L E D U C A T I O N J
T D P L C L I P P E N M M E D A O X
I Y C A D E N C Y C L O P E D I A I
J A P N J S W N S Q G U X J I R Y X
Y M U G B X L U N C H M S C F L R L
G R D U M D O Y I Q Y U I H P O L X
R G P A P D B K J T O A A A E P B C
G N T G E Y D O Z F V O Y L N Y G A
E R A E O T S T K L C U Q K C T X C
D L H B O E Q F D F K A F D S Y F V
W T G S H M Q M S D V X E R C T S M
```

LUNCH ENCYCLOPEDIA

PEN CHALK

PHYSICAL EDUCATION

LANGUAGE CLIP

ANATOMY

```
Z E D D D O W Q T R U B E H S C H W
T D K R R E K C S M W W L G Z J L V
H K N V F Q X H X S U N B U J Q Y S
I W E C F H A A W G O Y O X Q E Q B
G K E Q G A I N F E Y W W P Y J D
H Y S Y U R G D S I N Q S Q K O E L
S J M N D M K S E B N W G Z U A N I
D P I I B S G C G K W G S Y C L Q V
T B P S D W K V G N V A E N M P Y E
J N A N G V W W R X E W Q R M N U R
U T X O J T O Y M C S Y B R S J R S
A S T R H F U X K I D N E Y A E Z G
```

KIDNEY   **THIGHS**

LIVER   **KNEES**

ARMS   **ELBOWS**

HANDS   **FINGERS**

PAGE 45

COLORS

```
S Q X Q J D A A A V Z M J P M X Q R
O C C P X Y J G W T I N D I G O N J
Z E I Y A G Y E J K F O K B I E J Q
J R U E T Q N C N Y Y P A M I K S M
R U Y L D Q E O H A W X W Q L C P X
B L N L E C R U O L B C L I L A C R
X E I O D C A R D I N A L X Q T H O
A A H W V G A Z U C X C U V A O S
N N F I W A J D P F W Y Y F H N Z E
X J D R E B N P V P H F N S Z W R
V U A P I V W H O B P D U I H E X I
R G J C T R O W H Z N Z M K E L W I
```

INDIGO   **ECRU**

CARDINAL **CERULEAN**

LILAC   **YELLOW**

TAN   **ROSE**

COUNTRY

```
F F C N J X K J V U Z Q C Y M C N P
M T T P X X B E G A B O N I W W G L
H D C Z P C E Y P O J X U G P R A E
S B A T C X S F B K I T H N M H U F
H Q P T K A Z A K H S T A N O F G V
U X E C Z Q L K G Q P B P C N L S Y
N U V Z F I K H I V C R E R G A S Z
G V E F Y U G Z N P R Y K J O G P I
A M R H I B H U T A N H S U L D A W
R V D P X S F V N P Y N K I I X I I
Y A E W H G V L B O A K Z A A V N K
C L L Q L B D G F M Z W A U D U S X
```

GABON   **KAZAKHSTAN**

MINGOLIA   **SPAIN**

BHUTAN   **HUNGARY**

CAPE VERDE

JOBS

```
R N Q U G R W U C C H U J H K A I V
F J X U Z Y G B T H R H O P A C P I
X T I O W H Y A C E T L B H Y C R M
M B R T L B Z K U M D V M Y R O E H
P W H K K D H E B I S D E S P U A E
T Y Y J P G J R K S Q Y N I P N C G
Q K N P E N P U K T D X H C Q T H T
F H C T U C P B K F T K W I D A E X
S H X T T O T Z H M P N M A Q N R D
V E T E R I N A R I A N U N L T A G
T Z L U C O A S T R O N A U T J C I
L E K H P W B N U W Y F Z N C U D V
```

PREACHER   CHEMIST
BAKER   PHYSICIAN
VETERINARIAN ACCOUNTANT
ASTRONAUT

ASTRONOMY

```
Z E H L E U K U L Z Y W L Z K G V F
E E S F Y F N A K G B J D L Z Q T K
D T N P Y Y L E C L I P S E K T U N
B J Y I I Z P S X E K R M A E P O I
E L V T T B T G B O L O M E T E R X
U Y F E M H G E Q U I N O X S S Z W
X E I O G T R I D I W G V Y U I C W
G Z W O L H V E M E R C U R Y M O F
A L X K D K O L N F S V N H O T C K
R E D G I A N T F F E T V X M I N C
G D M W A V E L E N G T H K U M M C
X Y Y L Q J D R N T O D C S H H L Z
```

MERCURY   **ECLIPSE**

EQUINOX   **WAVELENGTH**

BOLOMETER   **RED GIANT**

ZENITH

creepy crawlies

W P A N L K B H N J G Z N C P R D L
P E J F F I E A K T M I F C J N J X
I P R G S K T U F T G D L I D M S B
B C A R P E T B E E T L E S E S G F
G M T B S T Q R X Z I X A N T S R G
N W T D S Y G B V T Q Z S C A K T L
C J A C N H T E K J B Y H W P M F V
A T H W A N U E J Y H A A J H N G X
G P I H I Q M S S W S B Z G I R N L
W L G E L B M B E E T L E S D L A B
H W C C S O T H N H C A F N S A B R
V E K Q R K M I D O Z R S C F N B K

FLEAS   **ANTS**

BEETLES   **SNAIL**

APHIDS   **CARPET BEETLES**

BEES

ANATOMY

```
R Q I M C Z W Y E M H N A I L S M F
F I N G E R C Q V C L I R Z G X Z Z
N K H Q P S N A N K L E G D H Q E Z
N G Y Q Q C G V O J E Q A Y W C B J
T R F D C G V C Q S Z R Z R A M M H
P F L S B H D T O J E G K O I K S D
F F D G A N E O O L W J X K S T C G
K Q T X H U R E O C N Y L D T X B G
M R D B N Y T Z K M L U V E H J L J
B V S L F H P Q O S F C B O G O Q W
I L D K F M O L E M P T Z E R S F H
I G D Y Q X I W N E Y E B R O W S H
```

FINGER   CHEEKS

NAILS   EYEBROWS

LEGS   ANKLE

WAIST   MOLE

PAGE 51

JOBS

```
M B Q D L M S G B B A Z B U I S B U
X J T E A E A W U A G A Z I O Z Z K
E Z B T N G E N C G C H E M I S T K
J Z L E D H N Q I U N E T C H I P N
E D I C L U U V K M S O T W I F P N
I Q T T O H N J L I A T V N Y T G M
U T D I R X F Y S R F T O K X N L I
C W R V D R U M C H W O O D V Y A C
M O G E C G K N L M A Y O R I J R C
Q H C J G C L E R K I G G I F A M L
W U F Z O S L D R F D Q E B B M N Y
P B W V V N E X P O R T E R K F Q S
```

ANIMATOR　　**LANDLORD**

CHEMIST　　**MAYOR**

DETECTIVE　　**NUN**

CUSTODIAN　　**CLERK**

EXPORTER

PAGE 52

school items

```
U R P Y C H D X W S N Q W D E J Y E
G P P A P R R T A P U Z P V A X Y R
C G P O P A W H Q M H L L R J F Z A
Y L R U R E P R O J E C T O R F E S
J E I M Z T R E X Y J M I E W V T E
B S N D P Q F P R G A R F P U X A R
G S C E S L A O U C O G Q I F W C F
J O I A I Q G A L N L S A F P Z S L
C N P N A F Z R M I C I V J W E A L
J Z A A J C N J O T O H P Z Y C B Y
U F L T M J Q V U V S F A K O U M T
S A K V X M D F H O X G Q C R C O Z
```

PAPER PUNCH   **DEAN**

LESSON   **PRINCIPAL**

PROJECTOR   **PORTFOLIO**

ERASER

PAPER CLIP

COMPUTER

```
F  N  J  I  D  A  Y  S  H  O  M  E  D  T  S  B  J  C
Z  U  M  F  T  F  R  K  I  B  Y  M  O  M  I  A  K  U
R  M  J  Q  M  J  U  Y  R  F  T  Z  P  N  B  H  T  A
R  B  Z  U  K  V  Q  C  E  A  A  G  D  A  Z  T  L  X
D  E  Z  X  P  H  I  W  X  A  B  R  P  Q  G  Z  D  W
C  R  D  C  Y  Y  D  E  P  B  X  D  P  M  V  E  A  D
K  S  K  R  Q  O  N  K  W  J  I  Q  V  H  V  N  U  G
V  C  W  E  A  H  R  D  W  A  F  C  F  N  X  D  E  P
G  Y  I  A  N  V  Y  Z  G  V  I  C  R  Q  D  J  J  T
V  N  Q  T  F  R  J  K  J  A  G  E  F  O  S  J  X  Q
W  Z  I  E  U  N  N  C  W  K  E  T  J  V  P  X  W  J
J  A  K  Z  I  Z  K  D  E  L  E  T  E  J  V  Q  M  L
```

CREATE	END
CROP	HOME
VIEW	PAGE UP
DELETE	NUMBERS

shapes

```
K A I M M B R Y B W X V D D Y C M E
Z H R P E R N E A R W S B J E I D J
K Y F H F T J P C N O N A G O N I B
R T Y P M C U D K R U V L D A X Y Z
T A Z O X S E M I C I R C L E E J H
V K R S Y A S Y M M E T R Y H L A R
B R O K E N L I N E S X S V K N Q A
R K V J I M E C Y L I N D E R V F Y
F I T D O N Y H E N N Z D X O N N I
O T Y S B E A I O J F S S O U U G H
T E V C M W P P Q U M Z Q P E H R Q
C L M L F L O H P E N T A G O N P T
```

SEMICIRCLE   BROKEN LINES

CYLINDER   NONAGON

ASYMMETRY   KITE

RAY   PENTAGON

COLORS

```
Z W L W D D A N D E L I O N O M O U
U L A W W A X P Q Q Z G G V S V Z
C D H F C J R X R W G X W S Q T N J
Y B E E F B O K C I K M T L V P P S
S S S M U E A L B M C I O P Z O H O
O N T F T J Z M F L M O S R F J L P
A D Q K C K U Z A G U V T Q A N G R
J Q F G Z K R G R R M E G B K N M
Y V V Y B A S E K V O Y M S Z L G F
Y Y T E A L W I Z N B Q F X P C H E
R G X I N N U O K W H S N E U S D X
J G E N Q F I Z S U U L C O E V O Y
```

ORANGE

AZURE

~~DANDELION~~

MAROON

DARK BLUE

TEAL

APRICOT

PAGE 56

FRUITS

```
R H W L H D H G I C B M F P Q B H G
Z O L J X N H U R V H Z G J R F U M
L N A S Q L C D T A B E R R Y Y N I
Z E R J A L G Z N A B E M M K P O
K Y M A E P W Q V N E U B C Z J P
D D N E M Z R J K S M G F D Z C L O
K E X L R B V I B Y A Z E R X Z M
D W L D U D U H C M M L X L U O N E
E Z W E A G A T H O K B U M O I X L
I B M W N T L V A W T W E K V J T O
O Q E D J N E I F N U U H N U J Q U
K X R P P G L A K C U V A A T P C O
```

RAMBUTAN   GRAPEFRUIT

APRICOT   HONEYDEW

BERRY   POMELO

TANGELO   DATE

UGLI

COMPUTER

```
J H B A L K Y J E W V F Q L C G Y W
J H A S I Y L L S V L O B S W G M C
P W R F B Y T E N P Q C K Z I K O R
H B R D V M H G R C A Q Q H I X Y A
O S E E O L X Q W A I M S J P J O S
S R C P B T X D I P U C B Y M F S H
T J Z W K O W X U T I V Q M O M V W
Z N U B Z V O P H H A R G W D M X T
G S K M B D T T J C C W S W E N M U
G Z G N G K L N M A B U T X M L L E
J B U B E O Q U E U E D N Y O A D Z
Z M D H K N I I K S L T X Z U N H R
```

DOT   CAPTHCA
REBOOT   SPAM
CRASH   HOST
QUEUE   BYTE
MODEM

PAGE 58

COLORS

```
X D H V M P B T A E R B P K J M V Q
C B E I G E V N F M M P Z B T C O R
V V R H T G H C S L E E K X U W W A
V S M Q X Q Y D U P B T A Q E J Q I
Z N R Q E O F O E O A S H G H X S N
C K V H W D J P W N H S Q Y E S J B
G D V O N H U E U X I Y T P S L N O
D A R C O Q D V D R D M Z E V T O W
O R H P V M J B P W P B T R L Y D T
O K F T H C K S O Q Y L D G M F V Y
O Q J D T R C W W S P F E B E S D B
U C S I K Y G B H B J P N L A P P D
```

BEIGE   DARK
HUE   PURPLE
RAINBOW   AMETHYST
DENIM   PASTEL

PAGE 59

creepy crawlies

```
F V J S N M E I N Q T M T Q V P N H
F T F O S O R F R U I T F L Y H B O
M M I K U C S X E T R M S Q A I B N
J G I C H G A Q C U O A V Y B Y H
T R X X H X F R C B X J X G I F E M
U U Q B G V N F A X Z H P Q G X H J
P B Z I Z W O J V B P L G M K O P Q
F D T E R M I T E K U Y S G B Z T D
W U Z W W O C Q D I P H A F C Z R B
P E A R W I G J Q Q A N R F L N J E
Y K Q N Y M P H M D B X S Q D B B A
D B E C I C A D A Y B Q J V X J U J
```

MAGGOT   **CICADA**

NYMPH   **GRUB**

TERMITE   **EARWIG**

SCARAB   **PUPA**

FRUITFLY

COLORS

```
U G F O U A D U F C F V X G G I Y K
L E T V I J L B J O F R W G U O C G
D A S P I Q Z M R O W C H G K B E G
X O K O A R J A O O G Z I R M D I K
J S F Q R D I O Z N N X T Y Y A E I
C Y N U X B E D E N D Z E A Q L P C
H G O F C M Y B I M P G E M V N Y O
J A D E U H X X D A T E R G T M T P
A M B E R G S O K U N V M E H U Z P
X O V B W I R I V D Q N K V E I S E
T K A R W Q S U A Y F R I Z F N T R
Z H H B I I M V X X T G N W S K Y D
```

FUCHSIA   AMBER

ALMOND GREEN   WHITE

BRONZE   VIRIDIAN

COPPER   JADE

ANATOMY

```
G U T C Q N M R C N O N A N I R Q F
L R Z P K B E M F T O C H X U R X D
Z N D W J G E R K E R I B S N G Y F
X D V R E C Y Q V S I J C T D S H E
C O R N E A E J Y E L I O A O G Z Y
A R U G D H L N D F S D C H K A M O
U E H B D R I K O F R P H D L J S K
R V C S N M D J Z O L Q L B K S H I
L H F V B O N E H Z K S E L J J L R
C F D B T S O P U P I L A X Q R H I
V B A W R Y Q V Q N K S F K Z W H S
A Z F A S P B J H V F Q T S K H N L
```

EYELID
BONE
RIBS
COCHLEA

PUPIL
IRIS
CORNEA
NERVES

COMPUTER

```
W H A J A V A N Y L X O G L Y Y M W
T A P B A V W Y T B Z B X V T S P I
H K R L L Z I D H M Y M P Z R K J C
H I Y M W D S R Z X A H F Y O P P O
X S Y N T A X N T E S F A X J M K B
P B S U R F F X A U N G H E A S O T
O D I F Z I B S X K A T R O N P I G
R E U F W R L J N O P L E I E H W X
T S G F S B I M O P Y Q C R C N O G
A V L F P H N S D E N U P W E O Q V
L Z G O L W K N E R V F N Y W F N J
I G W H E L J Q R H Q L J V Q O X O
```

ENTER	**PORTAL**
NODE	**LINK**
VIRTUAL	**SURF**
JAVA	**TROJAN**
ICON	**SYNTAX**

Conclusion

Thank you again for buying this book!   I hope you enjoyed with my book. Finally, if you like this book, please take the time to share your thoughts and post a review on Amazon. It'd be greatly appreciated! Thank you!

Next Steps
– Write me an honest review about the book –
I truly value your opinion and thoughts and I will incorporate them into my next book, which is already underway.

Get more free bonus here

www.funspace.club
Follow us : facebook.com/funspaceclub

Send email to get answer & solution here : funspaceclub18@gmail.com

Find us on Amazon

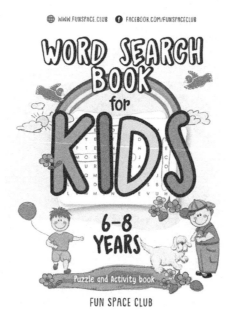

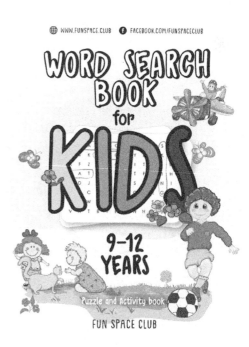

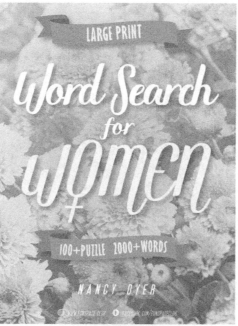

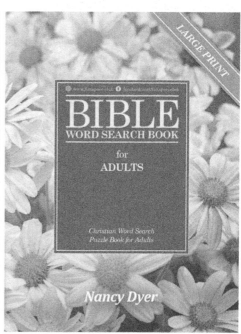

Find us on Amazon

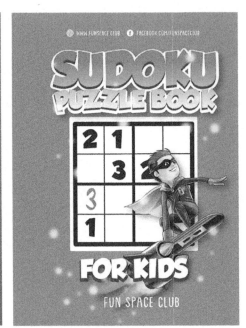

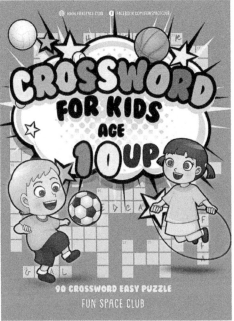

ARianna

&

gianna

Made in the USA
Middletown, DE
09 December 2018